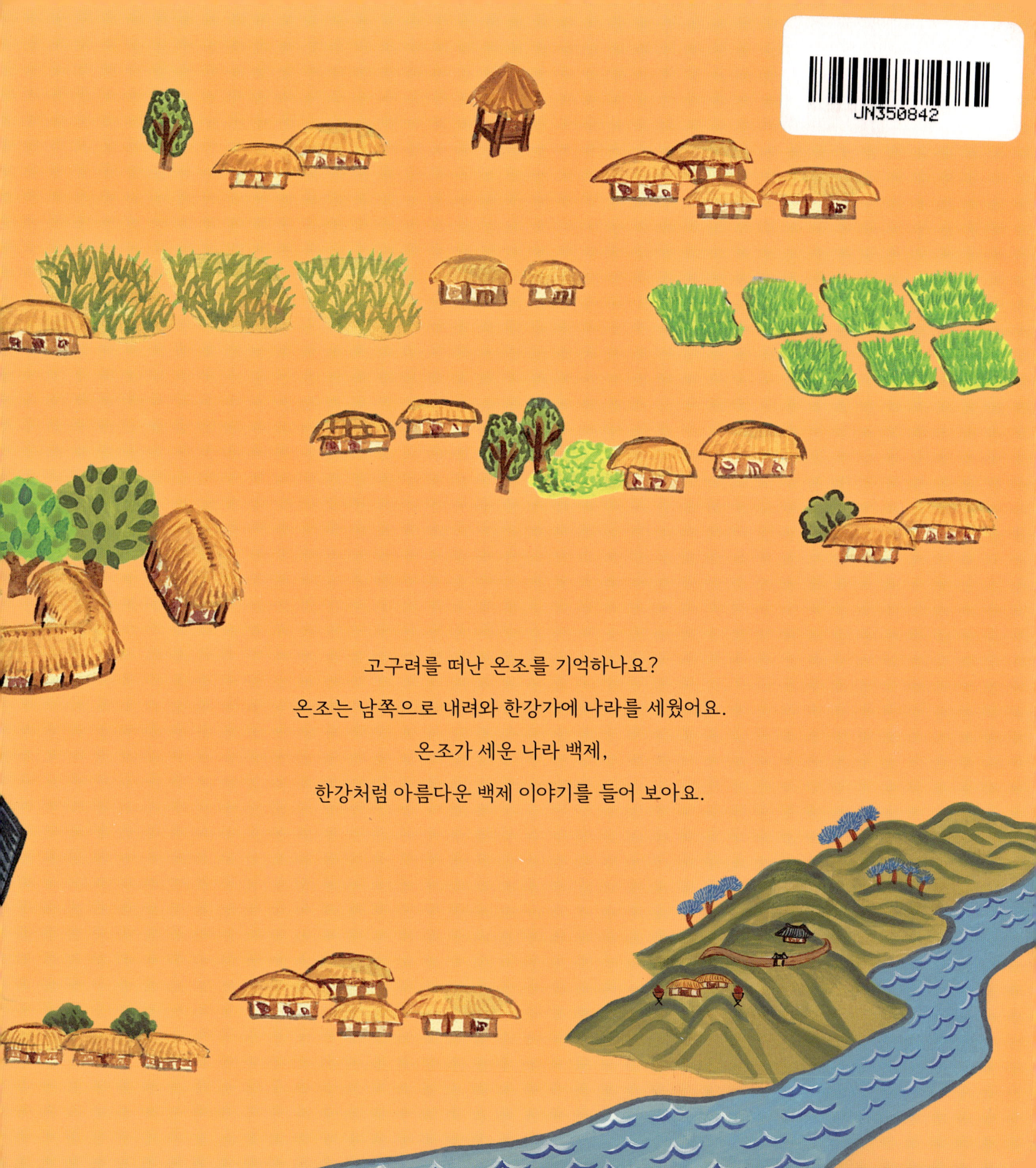

고구려를 떠난 온조를 기억하나요?
온조는 남쪽으로 내려와 한강가에 나라를 세웠어요.
온조가 세운 나라 백제,
한강처럼 아름다운 백제 이야기를 들어 보아요.

아름다운 나라 백제

나의 첫 역사책 4

이현 글 | 김언희 그림

휴먼 어린이

고구려를 떠나온 온조왕은 한강가에 백제를 세웠습니다.
한강은 폭이 넓고 물이 깊은 강이었어요.
농사를 짓기에 좋은 곳이었지요.
깊은 강이 가로막고 있으니 나라를 지키기도 좋았어요.
강을 따라 큰 바다로 나갈 수도 있었지요.

백제는 작은 나라였어요.
하지만 고구려의 아우답게 용맹했지요.
백제는 주변의 작은 나라들을 차례로 정복했어요.
삼한에서 가장 강하던 마한마저 백제에 무릎 꿇었지요.
가야의 일곱 나라도 백제 땅이 되었습니다.

여러 나라의 이야기들이 뱃길을 따라 백제로 전해졌어요.

"먹을 것이 풍족하고 병사가 충분하면 백성이 나라를 믿을 것이다."

이는 공자의 말씀이에요. 공자의 사상을 '유학'이라 해요.
유학은 중국에서 생겨났지만 백제에서도 많은 사람의 마음을 움직였습니다.
백제의 많은 젊은이들이 유학을 공부했어요.
그중 학문에 뛰어난 사람은 '오경박사'라 칭송받았지요.

"부처님이 말씀하시길, 모든 것은 마음에 달려 있다 하셨어."

인도에서 전해져 온 불교를 따르는 사람도 많았어요.
백제 사람들은 부처님을 기리는 불상이나 탑을 만들었어요.

어느덧 열세 번째로 근초고왕이 왕위에 올랐습니다.
근초고왕은 왕성을 새롭게 정비했어요.
백제의 역사를 기록한 책을 만들었고,
바다 건너 왜국과도 활발하게 교류했어요.
어느 날 근초고왕이 왜국의 사신을 왕궁으로 초대했어요.

"왜왕에게 좋은 칼을 선물하겠노라."

근초고왕은 왜왕에게 '칠지도'라는 칼을 선물했어요.
왜인들은 칠지도에 크게 감탄했습니다.
칠지도는 기다란 나뭇가지 모양으로 된 칼이에요.
왜국에서는 꿈도 꾸지 못할 만큼
단단하고 멋진 칼이었지요.

근초고왕은 철제 무기를 앞세워 영토를 넓혀 갔어요.

"앞으로 우리 백제군은 황색 깃발을 들겠노라!"

황색은 '한가운데'를 뜻하는 색이었어요.
중국 황제들이 주로 황색을 썼지요.

근초고왕은 백제가 중국에 뒤지지 않는 나라라고 선언했습니다.
백제는 북쪽으로, 북쪽으로 진격했어요.
마침내 백제와 고구려의 국경이 맞닿았어요.

하지만 근초고왕이 이끄는 백제군은 강했습니다.
고구려군은 전투에서 지고 허겁지겁 도망쳤어요.
백제군은 고구려군을 뒤쫓아 가서 평양성을 함락했어요.
고국원왕의 목숨까지 빼앗아 버렸습니다.

고구려는 백제를 원수로 여겼어요. 백제는 내내 고구려의 공격에 시달렸지요.

"고국원왕의 원수를 갚아야 한다. 한강을 빼앗아야 한다!"

마침내 광개토대왕의 아들인 장수왕이 한강을 건너 위례성을 함락했어요.
백제의 개로왕은 고구려군에 붙잡혀 처형되고 말았지요.
고구려군은 백제의 성을 무너뜨리고 대궐을 불태웠어요.
온조왕이 나라를 세운 지 오백 년,
백제는 한강을 잃고 남쪽으로 도망쳤습니다.

백제는 한강으로부터 사백 리나 떨어진 웅진으로 도읍을 옮겼어요.
따뜻한 햇살 아래 너른 벌판이 펼쳐져 있었어요.
금강이 흘러 적의 침입을 막아 주고, 벌판에 물을 대어 주었어요.
가을이면 농작물을 풍성하게 거둘 수 있었어요.
백제는 다시금 안정을 되찾았어요.

무령왕은 자신과 왕비를 위해 아름다운 무덤을 만들었습니다.
거대한 무덤을 연꽃무늬 벽돌로 꾸미고, 아름다운 공예품도 넣어 두었어요.
왕과 왕비의 황금관, 귀걸이, 목걸이, 은으로 만든 팔찌와 허리띠,
청동 거울과 그릇도 있어요.
우리나라의 보물로 꼽히는 것만도 열일곱 가지나 된답니다.
무령왕릉은 백제의 보물 창고예요.

하지만 마음을 놓을 수가 없었어요.
고구려가 여전히 백제를 눈엣가시로 여기고 있었거든요.
무령왕의 아들 성왕은 또 도읍을 옮겼어요.
웅진보다 더 남쪽에 있는 사비까지 내려갔어요.

성왕은 사비에 성을 쌓고 나라의 힘을 길렀어요.
마침내 한강을 되찾기로 결심했어요.
하지만 백제 혼자서 고구려에 맞설 수는 없었어요.
고구려는 워낙 크고 강한 나라였거든요. 군사들도 용맹하기로 이름 높았지요.

백제의 성왕은 신라에 사신을 보냈습니다.
신라의 진흥왕도 크게 반겼습니다.

"고구려는 나날이 강해지고 있습니다.
백제와 신라는 남쪽으로 쫓겨나고 있습니다.
우리 두 나라가 힘을 합해서
고구려에 맞서는 것이 어떻겠소?"

백제와 신라는 힘을 모아 고구려를 공격했어요.
제아무리 고구려라도 두 나라를 당해 내진 못했어요.
고구려는 한강 북쪽으로 도망치고 말았습니다.

"좋습니다.
고구려를 한강에서
몰아냅시다!"

그런데 신라군이 갑자기 백제군을 공격했어요.
당황한 백제군은 그대로 한강에서 쫓겨났습니다.
신라가 한강을 차지해 버렸어요. 백제 성왕은 크게 분노했어요.

"신라를 결코 용서하지 않겠다!
한강은 예부터 우리 백제의 땅이야!"

성왕은 직접 군사를 이끌고 달려갔어요.
그러나 백제군은 크게 패했습니다.
이만 명이 넘는 군사와 함께 성왕도 싸움터에서 목숨을 잃었어요.

백제는 한강을 영영 잃고 말았습니다.

처음에 비해 영토가 점점 작아졌어요.

고구려에 당하고 신라에 밀려, 그만 구석으로 쫓겨난 거죠.

하지만 백제는 드넓은 들판에 자리하고 있었어요.

흙은 비옥하고 강은 깊었어요.

가을이면 풍성하게 곡식을 거두었어요.

또한 백제는 바다에 둘러싸여 있었어요.
서해를 통해 중국을 오가고,
중국을 통해 여러 나라를 만날 수 있었어요.
남해를 통해 왜국과도 활발하게 오고 갔어요.

백제는 왜국에 유학을 전해 줬어요.

오경박사 왕인은 왜국으로 건너가 태자의 스승이 되었어요.

왕인이 《천자문》을 전해 주어 그때부터 일본 땅에서 한자가 널리 쓰였지요.

왜국에 불교를 전해 준 것도 백제였어요.

성왕 때 노리사치계라는 사람이 왜국에 사신으로 가서

불경과 불상을 선물로 전했습니다.

많은 왜인이 불교를 믿게 되었어요.

특히 왜국의 쇼토쿠 태자가 불교에 관심이 컸어요.
쇼토쿠 태자는 백제의 솜씨를 빌려 호류사라는 절을 지었습니다.
백제의 아좌 태자는 쇼토쿠 태자의 초상화를 그려 주기도 했지요.

백제의 많은 승려와 학자가 왜국으로 건너갔어요.
절을 짓는 목수, 불상을 만드는 장인, 기와를 굽는 기술자,
그림을 그리는 화가…….
그러다 왜국에 눌러사는 사람들도 있었어요.
왜국 사람들은 백제의 솜씨에 크게 감탄했어요.

쇼토쿠 태자는 호류사에 백제의 솜씨를 닮은 관음상을 세웠어요.
호류사의 관음상은 이름부터가 '쿠다라간논'이에요.
'백제의 관음'이라는 뜻입니다.
백제의 솜씨로 지은 왕궁의 이름에도 '쿠다라'라는 말을 붙였지요.

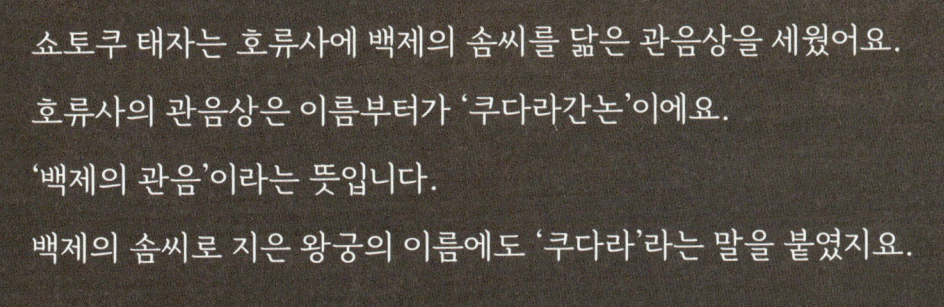

"쿠다라!"

'쿠다라'는
백제를 뜻하는 말이었어요.
최고로 좋다는 뜻이기도 합니다.

백제 사람들은 빼어난 작품을 많이 남겼어요.

금동대향로는 향을 피우는 그릇인데, 활짝 핀 연꽃을 닮은 황금 향로에 스물여섯 마리의 동물이 새겨져 있어요.

금관이나 금귀걸이처럼 왕실에서 쓰던 장신구들도 아름답지요.

금동삼존불상이나 금동관음보살입상처럼 황금으로 섬세하게 만든 불상도 있어요.

소박하고 우아한 작품도 많아요.
서산마애삼존불상은 숲속의 바위에 새겨져 있어요.
바위에 깃든 세 부처의 미소가 황금 불상 못지않게 아름답지요.
서산마애삼존불상의 미소를 '백제의 미소'라고 부르기도 합니다.

신라의 선덕여왕은 황룡사에 멋진 탑을 세우려고 백제에 도움을 청했어요.
백제의 장인 아비지가 신라로 가서 목탑을 만들었어요.
구층으로 된 목탑은 높이가 무려 팔십 미터나 되었대요.
오늘날 사십층 건물과 맞먹는 높이예요.
신라 사람들은 황룡사 구층 목탑을
신라의 세 가지 보물 중 하나라고 칭송했어요.

백제의 영토는 고구려보다 작고,
힘은 신라보다 약했어요.
하지만 백제는 아름다운 나라였어요.
백제가 만든 작품들은 백제 땅을 넘어, 바다를 건너,
수천 년의 세월이 지난 지금도
여전히 아름답게 빛나고 있어요.

백제가 왜국에 전해 준 불교는
인도에서 생겨났어요.
유학은 중국에서 생겨났지요.
불교와 유학은 바다를 따라 백제를 거쳐
왜국으로 전해졌어요.
불교도, 유학도, 생겨난 곳에 머무르지 않고
먼 나라에까지 알려졌어요.
바닷길을 따라, 초원을 지나는 길을 따라,
사막을 가로지르는 길을 따라,
사람들의 생각은 강물처럼 흘러갔어요.
그러면서 서로 조금씩 닮아 갔어요.

나의 첫 역사 여행

백제의 왕성들

 위례성

왕성이란 오늘날의 서울과 같은 곳을 말해요.
백제의 첫 번째 왕성은 한강가의 위례성이었어요.
안타깝게도 위례성은 오래전에 사라졌어요. 정확한 위치도 알 수 없어요.
하지만 서울시 송파구에 있는 풍납토성이나 몽촌토성을 통해
위례성의 위치를 짐작해 볼 수 있어요.
한강가를 거닐며 백제의 첫 번째 왕성을 상상해 보아요.

한성 백제 박물관 ▼ baekjemuseum.seoul.go.kr
몽촌 역사관 ▼ baekjemuseum.seoul.go.kr/dreamvillage

서울시 송파구에 있는 백제 시대의 성터

웅진성

백제의 두 번째 왕성은 지금의 공주 금강가에 있는 웅진성이었어요.
고구려에게 한강을 뺏기고 남쪽에 내려와 새로 세운 왕성이에요.
공주에는 웅진성의 일부인 공산성이 남아 있어요.
공산성에서 멀지 않은 곳에 무령왕릉이 있지요.
아름다운 벽돌로 지은 무령왕릉은 삼국 시대 왕릉 중
누가 묻혔는지 알 수 있는 유일한 무덤이래요.

tour.gongju.go.kr 공주 공산성 ▼
tour.gongju.go.kr 공주 송산리 고분군 ▼
gongju.museum.go.kr 국립 공주 박물관 ▼

공주 공산성의 성곽   무령왕릉의 내부

사비성

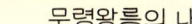

백제의 세 번째 왕성은 지금의 부여 백마강가에 있는 사비성이었어요.
사비성의 일부인 부소산성에는 유적이 많이 남아 있어요.
백제 왕이 아침마다 해맞이를 했다는 영일루, 곡식과 무기를
쌓아 두었던 군창지, 사비성을 한눈에 바라볼 수 있는 반월루,
백제 멸망의 슬픈 기억을 담고 있는 낙화암이 있지요.
낙화암은 부소산성과 백마강이 만나는 끝자락에 있어요.

부여 백마강에서 바라본 낙화암

국립 부여 박물관 ▼ buyeo.museum.go.kr
부소산성 ▼ tour.buyeo.go.kr

나의 첫 역사 클릭!

왕인 박사를 따라 시간 여행을!

백제는 일본에 여러 가지 문화를 전해 줬어요. 그중에서 으뜸가는 것은 《천자문》이에요.
하늘 천, 따 지! 소리 내어 외면서 한자를 배우는 책이지요.
이 책 덕분에 글을 읽고 쓰게 되었으니 최고의 선물이었죠.
그토록 귀한 《천자문》을 일본에 전한 사람, 왕인은 백제의 뛰어난 학자였어요.
왕인 박사는 일본 태자의 스승이기도 했지요.

전남 영암군에 있는 왕인 박사 유적

왕인 박사가 공부한 문산재

왕인 석상

왕인 박사는 월출산 근처에서 태어났어요. 오늘날의 전라남도 영암군이지요.
이곳에 가면 왕인 박사가 태어난 집, 왕인 박사가 공부한 문산재,
왕인 박사의 공부방이었던 책굴의 흔적을 찾아볼 수 있어요.

해마다 4월이면 왕인문화축제가 열려요.
시간 여행을 한 것처럼 백제를 느낄 수 있는 시간이에요.
한시 백일장, 백제 의상 패션쇼, 국악 공연, 백제 민속놀이 등이 펼쳐져요.
그리고 왕인 박사가 일본에 갔을 때의 모습을 그대로 재현하기도 해요.
백제 사람들처럼, 왜국 사람들처럼 꾸미고 행진하는 거죠.
왕인 박사를 기리는 제사를 지내기도 하고요.

왕인문화축제의 왕인 행렬

일본 오사카부 히라카타시에 있는 왕인 박사의 무덤

왕인 박사의 무덤이 있는 일본 히라카타에서도 손님들이 찾아온대요.
백제와 왜국의 후손들이 함께 왕인 박사를 기리는 축제를 여는 셈이에요.
왕인 박사는 오래전 왜국에 《천자문》을 전해 주었고,
오늘날의 우리에겐 백제를 전해 주고 있답니다.

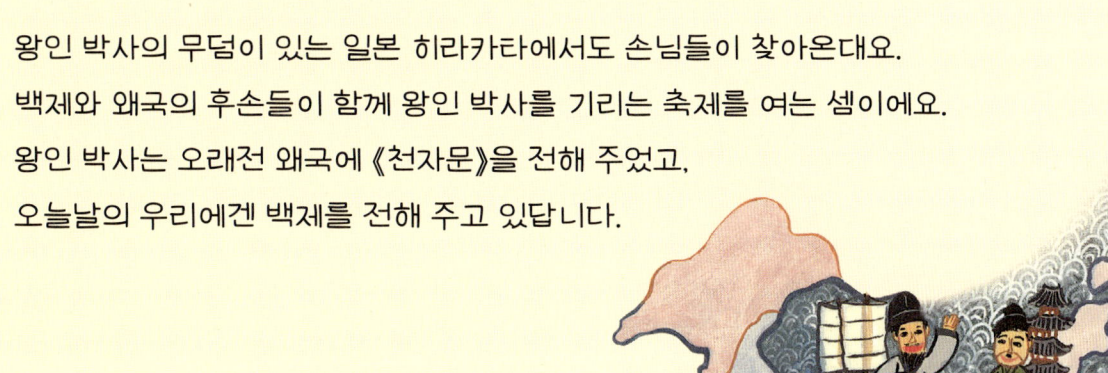

글 이현

세상 모든 것의 이야기가 궁금한 동화작가입니다. 우리나라 곳곳에 깃든 이야기를 찾아 어린이들의 첫 번째 역사책을 쓰고 있습니다. 그동안 《짜장면 불어요》, 《로봇의 별》, 《악당의 무게》, 《푸른 사자 와니니》, 《플레이 볼》, 《일곱 개의 화살》, 《조막만 한 조막이》, 《내가 하고 싶은 일, 작가》 등을 썼습니다. 제13회 전태일 문학상, 제10회 창비좋은어린이책 공모 대상, 제2회 창원아동문학상 등을 받았습니다.

그림 김언희

아름다운 색채와 자유로운 상상을 그림에 담아 이야기를 들려주는 그림작가입니다. 서양화를 전공한 뒤 한국일러스트레이션학교에서 일러스트를 공부했습니다. 그린 책으로 《거짓말 세 마디》, 《빛나는 한글을 품은 책, 기록 문화 훈민정음》, 《도와줘요, 보글냠냠 요리사》, 《덩덕쿵 호랑이》, 《우리 모두 이웃이야!》, 《똥 싸는 도서관》, 《내 진짜 진짜 소원은》, 《우리 가족을 도운 도둑》, 《메주 공주와 비밀의 천년 간장》, 《비굴이 아니라 굴비옵니다》, 《바람이 떠드는 바람에》, 《배비장전, 절개 높다 소리 마오 벌거벗은 배 비장》, 《이춘풍전, 춘풍이는 봄바람이 들어 평양에 가고》 등이 있습니다.

나의 첫 역사책 4 — 아름다운 나라 백제

1판 1쇄 발행일 2017년 11월 13일 | 1판 13쇄 발행일 2024년 7월 22일
글 이현 | **그림** 김언희 | **발행인** 김학원 | **기획·편집** 이주은 박현혜 도아라 | **표지·본문 디자인** 유주현 한예슬
저자·독자 서비스 humanist@humanistbooks.com | **스캔** (주)로얄프로세스 | **용지** 화인페이퍼 | **인쇄** 삼조인쇄 | **제본** 다인바인텍
발행처 휴먼어린이 | **출판등록** 제313-2006-000161호(2006년 7월 31일) | **주소** (03991) 서울시 마포구 동교로23길 76(연남동)
전화 02-335-4422 | **팩스** 02-334-3427 | **홈페이지** www.humanistbooks.com

글 ⓒ 이현, 2017   그림 ⓒ 김언희, 2017
ISBN 978-89-6591-343-6 74910
ISBN 978-89-6591-332-0 74910(세트)

- 이 책은 저작권법에 따라 보호받는 저작물이므로 무단 전재와 무단 복제를 금합니다.
- 이 책의 전부 또는 일부를 이용하려면 반드시 저작권자와 휴먼어린이 출판사의 동의를 받아야 합니다.
- **사용연령 6세 이상** 종이에 베이거나 긁히지 않도록 조심하세요. 책 모서리가 날카로우니 던지거나 떨어뜨리지 마세요.